AF492868

CRISTIAN LEONTIC
paseo para maratonistas
Buenos Aires Poetry, 2023
90 p.; 15.24 x 22.86 cm
ISBN 9789878470603
Poesía Chile

Editorial ©Buenos Aires Poetry
Colección ©Pippa Passes
Diseño editorial ©Camila Evia

BUENOS
AIRES
POETRY

BUENOS AIRES POETRY
editorial@buenosairespoetry.com
www.editorialbuenosairespoetry.com
www.buenosairespoetry.com

paseo
para
maratonistas

CRISTIAN LEONTIC

BUENOS
AIRES
POETRY

PIPPA
PASSES

CRISTIAN LEONTIC

—

paseo para maratonistas

La vida no es un currículum,
es un haikú.

I

DEVANEOS EN REPOSO

Inventario para alguien demasiado vivo

Aturdimiento y relumbre: el primer rayo de sol en una cantina.
¿Lo has visto?

O recuperar un festivo retorno –un olor, un paisaje, un gemido–
o deleitarse con la simple
comodidad de ser un extraño.

Asumir: los recuerdos lastiman y se borran. O se extravían,
como los archivos de estafadores linajudos,
en las más recónditas esquinas.

Pero resistir, resistir las agujas de la memoria.

A veces, cuando cae la tarde,
entero o hecho pedazos, salir a la calle con pantuflas
a esperar la noche;
con un cuesco de aceituna apuntar al cielo,
guiñarle un ojo al horror cósmico,
escupir
a ese supuesto lugar que avala la existencia.

El placer se va apagando. El deseo
es una embestida. Muestra tus agallas,
desenfunda y dispara.

Hacerle caso a Horacio *¿Para qué hacer tan grandes proyectos
si la vida es tan breve?*

Anotar: el estiércol no es mugre que ensucia las estatuas.

Romper filas y celebrar: la provocación es oxígeno;
un tributo al desacato,
la mecha no debe apagarse.

En los pastos secos de la desolación
      tallar el dolor;
lanzar un aullido que convoque a los muertos
          y las flores y reírse de estar vivo;
si te apetece, encerrar el vacío en un haikú,
perturbar a la razón,
vaciar el cráneo y usar los ojos.

Nada de coronas. Nada de jinetas ni palmetazos.
Quitarse la soga, huir de templos y salones.

Amortizar cada golpe de hacha,
cada gesto de arte que no brilla ni sofoca,
descorrer la niebla que empaña los brezales,
ser más viento que piedra,
         enfocar.

Tatuarse en las venas que la vida es una preparación
       para algo que nunca sucede.

Péndulo

El halo también puede ser oscuro como el interior de una aguja
un susurro o un gemido más fuerte que un grito o un aullido
el café recién molido oler a ceniza y azufre
una cuerda de arpa sonar como lija
los vitrales y el silencio pueden ser una tortura
cualquier risa una mueca de acero y hueso
el pasto de viruta
los funerales un ajuste de seda
y las magnolias y azaleas brillar en primavera como alambres o púas.

Cirugía artesanal

En pabellones, monumentos, ruinas
                o a campo abierto,
a este lado de la mampara

o del otro,
detrás de cada poema,

como un tejido de aire
                desplegado   ,

hay otro poema,
esperando ser bordado
por la aguja del ruido y el silencio: un bisturí.

Ella sabe cómo ahorcar cachorros

Mejor es no mirarse mucho:
la muerte se parte de la risa en un espejo.

Hay luz suficiente para brillar y para ahogarse,
pero no para entrar en los huesos:
eso es materia del polvo o la ceniza que queda después.

El cielo no nos conoce.
Los árboles tienen otro lenguaje.
Las piedras,
como dioses,
siguen impasibles y callan.

Me pregunto hasta cuándo.
Si acaso tendré el privilegio del argumento.
Si valdrá la pena, después de todo.

En tanto aquí, en la cuneta,
caen y se apilan hojas arrugadas a montones,

      raquíticas y tensas.

Y qué pensar,
qué pensar de estos pies que las desmenuzan.

Es hora de llamar a mamá.

la mosca azul

la supremacía es una cuestión de foco

–cada cual con lo suyo–

en el tiempo que tarda uno en parpadear
la mosca azul bate sus alas cincuenta veces

no trabaja por necesidad
ni para alcanzar el oropel de una ampolleta

no la desvelan las alturas
ni se aturde para crear una obra de arte

no va a la guerra

no reza ni blasfema

el amor y el odio ni la rozan

también fornica

y mira tú, gárrulo, apenas conoce
la mierda
se echa a volar.

La venda

A lo lejos, como gritos secos,
los latidos del hacha contra un árbol
simulan el tic tac de un reloj,
mientras un ruiseñor, perdido en la distancia,
	ensaya una melodía alegre,
atemporal,
que distrae el sonido y el eco de esos golpes
	al reposo anterior a la sangre,

o intenta, quizá,
algo parecido
a lo que nosotros ensayamos
o jugamos
cuando nos ponemos la venda.

La carga de la luz

a J. Berryman

No la vida, la poesía es aburrida, John.
Los libros, el cine, la pintura, toda esa mentira.
El amor te borra y sacude,
aturde lo mismo que el odio,
y la guerra es tedio y delirio,
                    aunque allí se aprende rápido.
Después de todo, las estrellas, los arrecifes y acantilados,
el crujido de los glaciares,
el equilibrio del flamenco,
los magníficos cuernos del alce,
el hilo reluciente que deja el caracol entre dos hojas,
todo eso es aburrido,
al menos tras contemplarlos por un rato.
Escuchar a ciertas aves,
incluso el jilguero,
aburre hasta el cansancio,
tanto como el chasquido de las cerraduras
o el zumbido de la máquina de afeitar.
El gran esfuerzo es el peor de los fastidios.
Ni qué decir la familia, el trabajo,
desgastan como el alcohol y el tabaco.
La música no aburre, porque es el canto
          de las piedras, que nunca han estado vivas.
Pero todo está aquí,
y este mundo infernal no podría ser mejor.

Y Bueno, *debemos trabajar & soñar.*
A veces me parece que otros lo hacen peor que yo.
Escribo poesía, John,
veo el filo del hacha por todas partes,
y ni por mis hijos he gastado tanta migaja y desvelo.
Soy un hombre pequeño.
Y reímos y lloramos y nos ahogamos.

Lección

Esto es lo primero
o lo segundo que aprendí:
en la noche craneal
hay un cuervo
con ojos
de búho.

Soliloquio circular

Si las partículas elementales pueden estar en dos lugares a la vez
me da por pensar que por eso la conciencia también funciona así:
después de todo estamos hechos de esas partículas
y podemos estar en dos o más sitios al mismo tiempo
con la imaginación
y ciertas drogas recomendables.
Por otro lado, somos asimismo un chispazo.
Lo que nos hace singulares es que sabemos que en la noche craneal
habita un cuervo con ojos de búho
y que más allá del afán y el instinto
por vivir unos segundos más
                         la guadaña no falla
y nada se saca con soplar al gladiolo cuando se asoma.
Yo no me desgastaría:
salvo para evitar el dolor o la enfermedad o por mera curiosidad,
                         ya es suficiente tanta ciencia.
Y como tampoco hay nadie que nos encienda la lámpara,
que nos diga que el cielo nos conoce,
que nada de esto es una magnífica catástrofe,
ya es hora de quitarnos la venda.
Si por mí fuera fomentaría solo el arte y el deporte.
Me dejaría de gaitas.
Me dejaría de teorías, de cuerdas.
Lo demás, incluida la ciencia, a segunda división.
Y solo porque el sol nos va a tragar
esperaría un avance científico que nos permita,
además del desplazamiento,

el descubrimiento de otro planeta igual de fabuloso,
homeostático,
sin habitantes
y con tierras aptas para el cultivo.
Me instalaría con dioses y pachorra en ese nuevo lugar.
Y lo conquistaría.
No sé para qué, pero con aire y estilo.

Y así sucesivamente.

Apreciaciones

Las persianas cerradas proyectan sombras en el interior.
Los jarrones chinos yacen quebrados
a un costado de la escalera.

Perpleja,
una anciana permanece atada en el fondo del pasillo.

La casa está saqueada.

En el salón principal,
perplejos,
dos policías contemplan un cuadro de Kandinsky.

Desencadenamiento

Perseguir una belleza inalcanzable,
el anhelo de que todo sea arte,
el afán por atrapar todas las cosas.

La pregunta es cómo.
                    Y para qué.

Asumir,
ceder,
guardar el gesto.

Retener lo ajeno, lo inefable,
                    sin inquietarse:

la contención
es más sugerente que el tacto,

lo blanco es la sentencia.

Entonces:
no escribir,
o escribir en miniatura.

O mejor:
con tinta roja
hacer dibujos, haikus o microgramas

en la nieve.

Dos marionetas entre las estatuas

Era primavera y mientras esperaban la hora
de la entrevista un viento fresco sacudía
los árboles,
una bolsa en el aire,
y cientos de ejecutivos se desplazaban, apelotonados,
hacia las oficinas modernas del sector,
no muy renovados, pero con fe.

Y cuando se elevó el volantín, en el Parque de las Esculturas,
el más gordo, él lo hizo flamear.

Le dijo: *Ad tú, Manolete,*
destinatus obdura.

Se agarraron del hilo y se echaron a volar.

Lo que dijo el jardinero

Basta de poemas y mejor búscate un trabajo.
No los publiques.
No gastes papel, págate tus cosas.

Quítate esa carga, ese fulgor.
Si entiendes un poema tendrás problemas.

No es necesario.

Piénsalo bien:
cuando solo, en una noche despejada,
sin fuerzas después de un día atareado,
te instales en el jardín

        a mirar el cielo

y en la estela fina de una estrella
     que atraviesa el firmamento

ves ahí también el hilo
reluciente
que deja el caracol entre dos hojas,

eso es poesía.

Amor fu

1

Cuando me invitaste al *avant-premiere*
de *Midnight in Paris*, con cóctel incluido,
y luego irnos a un boliche de vanguardia
 para repasar diálogos y escenas,
«pensé en ti, parece que hay cosas superprofundas
sobre artistas de la bohemia durante la era del jazz
en la ciudad del amor», dijiste,
no me puse en tu pellejo
y te lo dije porque es cierto:
soy un escritor que escupe balas,
nada de lirios y rosas,
y mi tiempo no fluye para botar aire en la basura.
Fue horroroso. Porque dime ¿sobre qué alfombra
podrías toparte con tanto pajarraco repelente y sin brillo?
¿Y la película? ¿Y ese insípido fotograma de sobremesa?
Te lo refriego: fue un desatino,
un *desaliento amoroso*.
No sé cómo monjas mordí el anzuelo.
Ni esos vidrios empañados del auto que sugerían dicha
                    sirven para ocultar mi desazón.
Tal vez piensas que soy un animal trágico y bruto.
Pero conozco la levedad de una piedra.
Y no se te ocurra dejarme fuera de tus pastos.
No quiero un ataúd con espejos.
Y menos remansos.
                    Eso sería feroz.

Me aplastarías los ojos y los sueños y la vanidad
y ya me flechaste, Olivia, hasta el talón y los huesos.

2

Estoy desvelado y tengo que decírtelo, Olivia,
aunque me parta en dos.
Lo tuyo fue un fosforito trivial que prendió
y al que le sobraron las llamas:
las camelias que empezaban a brotar se hicieron humo.
No todas, Olivia.
Puede haber un gesto, no lo sé.
Por ahora,
con este licor de guinda en las venas,
los párpados pesan la mitad,
tres o cuatro gramos menos el cielo rojo.

hundimiento

minucias que sirven para aligerar
o adornar
lo dibujos
del día
también
a veces
merodean
corroen
crepitan
estallan como
bombas de
artillería
pesada
por eso
una cala
blanca
sirve
también
como paño de lentes para
lustrar
un revólver

Marca de agua

Cuando trapea la terraza y el patio,
de hormigón no sellado demasiado
sensible al polvo y la grasa,
o cuando drena con balde y mopa
el agua acumulada tras los temporales;
o cuando las cortinas se petrifican por el humo,
obligando a cepillarlas con fuerza;
o cuando plancha la ropa de toda la familia
                    y la deja lisa como el hielo
y sale a botar la basura que ella misma recoge;
o cuando lustra las tazas de plástico
            cual figuras de porcelana;
o cuando el verraco sale de la casa y no vuelve y aparece
tres o cuatro días después,
se apodera de ella la nostalgia y el afán
por algo lejano y perdido,
y queda impaciente, hacia lo abierto,
                            como un capullo.

Aperitivo nocturno

Alguien dijo que el asfalto rezuma el absurdo de una jornada
y que uno lo nota a través de la suela de los zapatos.
Alguien dijo que la poesía y la música son las únicas tablas
      que resisten el peso de este naufragio,
y habló sobre rucas, cantinas, embarcaderos,
        y dijo algo sobre el frío y el hambre.
Alguien habló sobre tanques y misiles teledirigidos,
sobre tiranos y perturbados, sobre extranjeros en cualquier país.
Alguien habló sobre enfoques sesgados
           y ambiciosas propuestas,
acerca de tórtolas esquivando al francotirador
y dijo que la mala hierba brota del mármol y del cristal.
Alguien habló de colosales represas levantadas
     sobre tréboles de cuatro hojas,
y sobre epitafios y refinadas losas
     donde los nombres son borrados con los años.
Alguien dijo que para algunos el viento es su ataúd.
Alguien dijo que el ritmo de todo es la compensación
pero que la muerte no intercede
y es la más real
de todas las realidades.
Alguien dijo que vivir es un mamotreto de renuncias.
Alguien dijo que todo son solo escenas que cambian
y que el silencio y lo oscuro tienen un pacto donde la vida
      es una cláusula abusiva.
Alguien dijo que mejor es atesorar no tanta claridad
para así dejar de ver el hacha cada segundo,

y que cerrar los ojos es el único modo de limpieza,
      que solo allí
      la sangre sacude el misterio que somos.
Alguien, de pronto, dijo que la poesía es un ojo abierto
             condenado a la ceguera
y que los pájaros cantan con más dulzura sin arte.

Entonces la velada continuó,
hasta que rendimos un minuto de silencio al fracaso humano,
escoltados por una bruma de rajaduras,
cigarros,
gaseosas,
papas fritas
y el ruido nocturno de un refrigerador.

Inestabilidad de Kelvin-Helmholtz

El invierno es para los atentos.
Roce de tímpano y canilla.
Encierro.
Tensión arterial.
Melancolía o peso de nube.
El más preciso peso y ajuste de la sangre.

Pero los desaguisados del frío y el tráfico,
la agitación por la morada de verano,
los estornudos,
los golpes de rutina y granizo,
los cielos encapotados,
la lluvia,
la nieve,
la noche demasiado estrellada.

Ideas para el último ensayo

Algo así como en verano poner estacas y levantar
una carpa al pie de la cordillera
abrigados de noche
protegidos del viento
y así poder sin que los cuerpos se enfríen barnizar esta madera añeja
y salgamos solo de vez en cuando
para buscar chinchillas, zorros o alpacas
o a mirar la luna, las estrellas o ambas,
o mejor: una habitación cerrada por donde una claraboya
más que iluminar,
                   encienda.

Una claridad de fin de lluvia

A los diez años, un día de invierno,
          sentado a la sombra
de un plátano oriental,
me dije,
por imitación o desgano:

soy un pájaro.

Quería quedarme a vivir en esa levedad.
No fue así.
Los cables de alta tensión cortan el horizonte.

Por unos segundos,
sin embargo,
como sucede con el gesto anterior al golpe
o con la luna cuando se muestra y prende las chimeneas,

pude intuir
con nitidez
eso a lo que tantas veces sin suturas nombramos vida.

No fue un espejismo.

La razón y la brutalidad,
el obsequio del contrabandista, no te olvides.

heridas & desagüe

i

Hay matices que duelen, como mirar
fijo algo durante un largo rato,
o como el silencio,
a veces,
cuando se escucha bien,
o como la música cuando es solo ruido.

ii

¿Y los alpinistas, tecnócratas atrapados en la idea
de pedestales y números, alcahuetes y babosos
conocedores de picos y cirros
que no son la verdadera altura, meneándose,
ventilándose, llenándose de ser contemplados
        con envidia y solemnidad?

No combinamos. Diferimos.
No es un asunto condenadamente serio.
Para ellos soy un bufón, de infectas,
        nauseabundas palabras.
Un majareta sin hacer ruido, nada más.
Vamos, eso puedo asumirlo.
¿Para dónde me voy?
Si me ofrecen un condado, lo acepto.

Paisaje rural de posguerra

I

Basurales a cielo abierto y pozos de ceniza,
cables torcidos,
cosechas saturadas de cardos,
linternas, cantimploras,
neumáticos corroídos por el musgo,
alfombras deshilachadas,
casas abandonadas que parecen cambuchos
                 a punto de volarse,
envases, tinteros, vajillas,
barracas con olor a desagüe y acero,
dos banderas tiesas como trapos sucios de hormigón,
un tambor,
un estanque seco,
charcas atiborradas de municiones y huesos,
dedos, vainas de cartuchos,
muñones, troncos,
muecas retorcidas de caballos y perros,
sábanas y ramas
anudadas
como las raíces de un pino muerto,
fosas y cráteres,
faroles averiados interpelando al sol,
rieles de tren asfixiados por la maleza.
Y cruces, varias cruces.

II

Cada imagen, pletórica de pasado,
como si un ahogo alumbrara el paisaje
                desde la lejanía.
Las cosas, anónimas, frías,
fugitivas de todo orden.
Y en un tendedero
            de pronto
un pantalón hinchado por la brisa
como un simulacro de vida.

El recado de la araña

Poco se mueve la araña estampada en el muro.
Ni muy cerca de la ventana porque vibra ni cerca del riego.

Ha finalizado otra obra colosal,
y cuando lo hace luego se repliega
                              y se esconde.

No deja pistas.
Actúa con sigilo, sin aspavientos.

Pero el fruto de su talento está a la vista
                    para la dicha del seso y los ojos.

Ese es su método,
su gran enseñanza.

Para que quede claro.

Experimento de la doble rendija

qué son esos sonidos detrás de los bambúes
qué significan
qué persiguen
qué presagian

qué estrategia es esa que elabora cada monje
cuando mueve las piezas
que se escuchan
en el tablero

detrás de los bambúes?

En el anzuelo de Virgilio

Un mar acojonante surcaba el firmamento
y empapaba las estrellas que luego sacudían
vivas o muertas sus cuerpos incólumes y relucientes
como pulsos de vela en la oscuridad
o como luminosas medusas temblando en la arena.
Los agujeros negros dejaron de aspirar, el silencio
soltó un bramido y por fin las partículas abrían sus ventanas
desde donde desplumados y llenos de júbilo salían a flote
músicos y pintores y poetas, todos subiéndose
a una descomunal caja de vino que como buque de guerra
seguía el torbellino curso de las aguas
mientras ellos en cubierta reían y bebían y lloraban
con todas sus obras colgadas en la proa
como nobles y paliativos testimonios de un naufragio;
cautos y eufóricos continuaban así la travesía
hacia lo desconocido por las altas y bravas mareas
y atravesaban galaxias y nebulosas y cuásares, emancipados
de todo cautiverio y dejando atrás opulentas capillas,
basílicas y templos y arrastrando impávidos
       a los astros como algas,
y cuando ya ninguno faltaba a bordo y los poetas
declamaban en lenguas desconocidas
y cuando gaitas y violines sonaban al unísono,
atravesaron lento las nueve justicieras fosas del Dante
donde no misericordiosos sino coléricos
arrojaron en sacos a déspotas, cicateros, bazofias y curcos,
y fue después de cruzar una alta y fornida montaña

de laderas escalonadas y redondas donde algunos cayeron
y por siglos quedaron rodando
y mientras una cellisca blanqueaba lo oscuro,
cuando una tempestad imprevista y feroz
hizo crecer las olas que robustas
como ballenas de agua
arrastraron la historia a la distancia de la luz.

Catedral

En los pueblos remotos al interior de los campos
no hay centros comerciales, empresas,
bibliotecas ni salas de teatro,
en algunos ni teléfono ni televisión,
pero existen igual las formas más diversas de tiranía
y despotismo, de esclavitud, de favor
y de postergación
y también de ostracismo.
Nada muy distinto a las pequeñas y grandes ciudades.

Tampoco cuando la muerte o la pena irrumpen
                    con todo su peso:

son los ataúdes y las tabernas su catedral.

Año nuevo

El sol se apagará,
los dioses no dicen nada
y los faldeos a campo abierto

siguen oscuros
como el interior de una aguja.

Sin contar los despistados,
la primicia sigue desatendida:

los restos del big bang se usan esta temporada
como chips, turbinas eólicas,
zapatillas inteligentes
o benzodiacepinas.

Y las sandías (¿las has visto?)
míralas
míralas cómo se ríen de todo,
                en los veranos.

Fisherman's blues

Las nubes se cerraron, azotó la lluvia y la niebla,
los fuertes vientos levantaron la marea.
Nadie presagiaba la tormenta.
Tras cinco horas perdidos a lo lejos,
los pescadores, empapados,
ya están cerca,
exhaustos, peleando aún con el peso del oleaje.
Los familiares, en la orilla,
entre cascajos y juncos,
celebran,
encienden una fogata.
Y tres lobos marinos, estoicos y plácidos,
se ocupan de anunciarles la recompensa en las rocas.

Los telescopios no sirven

El cielo es el mar
dilatado
                    moviéndose
las estrellas,
las crestas
de las olas.

El mar es el cielo
en miniatura
                    moviéndose
las crestas
de las olas,
las estrellas.

Y las estrellas son anillos en un manto sin peso,
o los focos calientes de un cabaré.

Depende de símbolos y laberintos,
del enfoque,
depende del espejo.

El faro se lo traga la niebla.

Romper las cartas, no repartirlas

Más rápido es con navaja o tijera
pero, si estás preparado,
el nudo de la soga
es fácil de soltar.

Lo haces y
a paso firme
sin contar los llantos y muecas a tus espaldas
te vas
rumbo al hospedaje
de lo oculto entre desconocidos en el mundo de las calles,

dispuesto, claro,
a una guerra nueva:

habituarse al piñén,
a moretones y ronchas,
a estornudos y cuchillazos.

A lentos caballos y parejas veloces,
a escarbar en la basura,
a tu nido sobre mojados desechos.

Y a resistir,
anótalo,
las agujas de la memoria,
las agujas de la memoria,

los barrancos,
las acequias,
las caricias de otros perros salvajes que buscan amor.

Un baño de gong

¿Dónde estás Tao Yuan Ming, que por el cultivo de yuyos
y crisantemos dejaste venias, riquezas y honores,
que descreías de estados y jerarquías
                    y renunciaste al carruaje del mandarín,
con tu copa de bambú siempre vaciada de vino,
lejos de todo espejismo, lejos de emperadores y sábanas ateridas,
abriendo sin premuras las puertas,
            las ventanas de la percepción?
¿Dónde refulge tu eclipse Tao Yuan Ming, dónde lo alumbras
entregando tus horas a la divina indiferencia,
al reposado pulso de la poesía, vagando por laderas,
colinas y ciénagas,
embriagado a los pies de la luna,
            con el pecho desnudo desafiando la borrasca?

Colapso y derrumbe

A pesar del reloj y su eco afilado,
de la decoherencia cuántica,
de las tensiones artificiales del calendario,
del dolor o la ruina,
de los costalazos pendientes,
del terrible pelaje del cuervo
y de los ojos del búho,

lo único que de verdad me inquieta
–a pesar del olvido–

es abrazarme al caballo de Turín.

Una ventisca

Solo cuando las pérdidas son escasas y las ganancias una regla
o cuando pícaros consiguen eludir impuestos
o cuando diseñan carteles mañosos
en almuerzos largos y regados para subir los precios
se les llenan los pulmones de aire y regocijo,
y también, claro, en las cumbres,
cuando les da por la verdadera altura

–el Everest
o los Ojos del Salado, por ejemplo–

donde por un dios que sería hermoso
que la ventisca fuera como un lanzallamas.

Delirium

Insomnio. Paredes como vitrales movedizos
atravesados por la luz. Un lodo helado donde
van y vuelven palabras inscritas en una lengua extraña.
Melodía de ecos, gritos apagados, el sonido de un gong.
Todo envuelto por una atmósfera claustrofóbica,
repetitiva hasta la exasperación,
como una cámara anecoica de colores
sacudida por una imaginación de los manicomios:
piezas sueltas y fundidas, deformaciones,
espejos y laberintos que se abren y cierran.
Sensación de intemperie, de vastedad,
dibujos de mundos desconocidos en un mismo mapa,
arañazos de un vuelo atrapado por la asfixia,
desesperado en su férreo confinamiento.
Sin timón, caos y afán de estallido o disolución
en el exclusivo reino de la mente. Un gong.

Ars Vitae

Ni libros ni música ni hijos.
Ni carnavales ni entierros.
Ni medallas ni maratones.
Tampoco amor: es una infección.

Quizá, a fin de cuentas,
sin despistes,
esto y nada más es el Gran Arte:

un sol limpio de fin de lluvia,
un bote,
los ojos cerrándose,
y en aguas lisas un deslizarse lento,

          ligero, sin remos.

La evolución indiscreta

Un largo cerco eléctrico sujeta las ramas en el deslinde del predio.
Los frutos eventuales crecen ahora lejos de aquí.
Ya no son las espinas el arma letal que aguarda la carne
                        de algún pájaro ingenuo.
Ya no son bueyes ni vacas quienes defecan en este lugar.

Está el individuo y sus máquinas modernas,
la vocación de conquista.

Los ladrillos y los galpones han borrado la extensa pradera.
Los cielos de invierno los ensucian las chimeneas.
La maleza prende los cables de alto voltaje,
                          los motores el aire.
Los perros cómplices ladran histéricos como si fueran tractores.

Información privilegiada

Al principio la identidad propia a ojos
de los demás
es una fiesta alumbrada por una vela:

imágenes y perfiles
difusos
a punto de despegar
como partículas en un tubo de escape.

Mientras tanto los artistas
de la mente
filtran a su pinta
y van creando sus bosquejos especulares

que luego impunes
sin permiso
exponen en sus galerías o museos
como retratos pulcros,

        definitivos.

Un gallinero horroroso,
un libertinaje con cola de alacrán.

Deberían devolverle todo a uno,
o extinguirse de un plumazo esos mecheros.

Hermenéutica

La luna se parece a un pandero sin cascabeles,
a ciertas monedas antiguas,
incluso a una rodaja de mortadela.

Pero también se parece a la efigie del fabuloso Cristo:
una hostia que hace guardia,
           un puñal a veces.

Paseo para maratonistas

Nadie se ha muerto porque el cielo le caiga encima.

Sin miedo, entonces, pon tus ojos en un telescopio
y zambúllete en esa inmensidad.

Dejarás, en parte,
de estar en un cuerpo, de pertenecer a este lugar.

Existirás en un espacio distinto,
sin peso, gobernado por el silencio,
donde la vida humana no tiene significado.

Comprenderás que todo lo cercano
está demasiado lejos a la vez,
pero en una zona anterior a la sangre
en la que habitan otras preguntas.

No te distraigas,
sumérgete,
bucea y retiene todo lo que percibas,
todo lo que veas,
en ese banquete celestial.

Captarás que esa tumba y espejo
que todavía se burla y expande

tiene otra melodía, otra cadencia.

Perplejo, si haces caso,
probablemente salgas a caminar.

II

LOS ADVERSARIOS DE FILÍPIDES

Laceando las estrellas

Una paloma negra entre palomas blancas
le regaló la promesa de la indisciplina.
Fue el imperativo de libertad
que lo convenció
para no dejarse atrapar por un mundo aburrido.
El impulso final que le hacía falta para detestar templos y trofeos.
El hechizo para encender su melancolía sin timón y con fuego
y hacer de sus horas la vorágine de una belleza terrible,
como la de un mar rojo,
que todavía es un peso y lo dobla de rodillas.

Zapoi

De un día para otro dejó de empinar
el codo y de pasearse líricamente
por ambos lados de la ciudad;
de intimar con desconocidos;
de esconderse de todo y arrancar como una rata;
de despertarse en lugares extraños
o perderse en algunos creyendo que estaba en otros pagos;
de llorar y reír y pelear como un niño sin miedo;
de ser un vividor como dicen los que no han vivido;
de conocer personajes repugnantes y entrañables
(que le prometían signos y colores desconocidos);
de sufrir esa claridad terrible que martiriza
a los borrachos el día después;
de querer morir y de querer vivir
y de querer morir otra vez;
y dejó también hace quince años, dos meses,
no sabe cuántos días,
de subirse y bajarse de micros y colectivos
que no iban hacia ninguna parte;
o para ser más preciso, desde entonces se permitió
recaer solo con los caballos que,
a diferencia de las ovejas,
pueden beber agua en movimiento.

El atleta

Casi tatuada en su pecho
la medalla de oro de la Olimpíada escolar.
La fecha oxidada,
su nombre manchado con tintura capilar.
Frente al espejo,
nacido para vencer;
con excesiva joroba, medio cojo,
miserable,
aprieta en su cuello el borde punzante
y encara la última valla.

Retrotopía

Tres desertores y aspirantes a cowboys
        perdidos en la gran ciudad
sin espuelas ni riendas
        montados al revés y agarrados
del lomo de unos caballos:

equilibristas buscando el campo,
el murmullo de una cantina,
el regreso a las viejas sensaciones.

Una vida no alcanza

No tiene pertenencias y reza sin fe.
Reticente a cualquier lazo,
privado de empatía y ambición.
Si necesita dinero vende fruta,
nunca le trabajó un peso a nadie.
Abúlico y maloliente, desdeñoso
de toda regla honorable,
vive retirado y fornica en su imaginación.
Cuando cae el sol,
se levanta sin falta y observa
desde la ventana las sombras alargadas del atardecer,
sus figuras disímiles y escalofriantes,
y en el mar o en los troncos de los árboles
talla imágenes de su vida,
inventa otras historias,
escribe con dudoso alivio acerca de lo que no fue.
Escribe, a fin de cuentas, el epitafio imaginario
que escriben los soñadores,
los arrepentidos,
los inconformistas y los despabilados.

La equilibrista

Por fin lo pudo seducir y probar
con los cinco sentidos,
pero no,
no era de mármol.

Anota en su libreta:

mejor desconfiar del tronco,
no de la raíz;
la contención es más sugerente que el tacto.

Y abajo:

al menos toco lo que mato.

Los aficionados

No éramos cobardes ni valientes
ni lacayos ni chambelanes de ningún condado.
No éramos sordos ni ciegos ni mudos.
No éramos locos; y si lo estábamos: mejor así.
Éramos artistas de la evasión:
con existir teníamos un sentimiento completo
y todo lo superfluo lo reducíamos a un mero paréntesis:
la agitación financiera, la religión,
el apuro cotidiano, los tabúes razonables,
el vandalismo corporativo,
la guerra y sus facturas pendientes;
el caos urbano, la ciencia y sus costalazos,
la política mugrienta y el funesto poder.
Optamos por no deshonrar nunca este sueño
ni los pastos ni el sexo ni nuestra silente revolución;
indiferentes a los ultrajes de la realidad,
a sus luchas y balazos,
sumidos en una especie de melopea pausada y natural,
a veces orgiástica (pensábamos que la realidad era
una ilusión creada por la falta de vino y cerveza).
No pedíamos ni rendíamos cuenta.
No nos persignábamos.
No buscábamos reconocimiento ni botín.
No éramos ningún peligro: vivíamos.
En eso consistía nuestra ambición:
ser espectadores y audaces y libres.

El violinista convexo

Lo han calificado de liberal igualitario.
De liberal clásico y de libertario a secas.
De minarquista.
De socialista y de comunista.
De revolucionario.
De anarquista individualista.
De resentido.
De abúlico y apático.
De ser un fraude, un inútil,
       un incompetente.
De artista barato y de artista genuino.
De borracho y de drogadicto.
De renacentista.
De impostor y de esquizofrénico.
De lúcido, de genio,
de fatuo,
de idiota.
De tener los ojos y los oídos demasiado abiertos.
De estrafalario.
De ser un fracaso.
Hasta de sabio lindo y también de chiflado.
Algunos le dicen Paganini.
Algunos Aristófanes.
Algunos incluso le dicen Orfeo.
Y él lo único que hace es tocar su Stradivarius
       en estaciones de metro
con una banda de ácaros en las pestañas y cejas.

Postal de una noticia

Imágenes se le aparecen como las caras
que se observan en un vagón de metro
en movimiento:

rápidas, borrosas.

Sin aire, enciende un cigarro
y se sienta en la cuneta:

ve los árboles desnudos,
el cielo blanco,
las palomas mudas en los cables de alta tensión.

El ajedrecista

De tan manso o bonachón pasa por débil.
Si le ofrecen una jineta, la rechaza;
en lugar de galopar, el ímpetu de un caracol.
Pero, como en todo,
       depende del enfoque,
y de qué se entiende por debilidad:
si las raíces del coigüe, por ejemplo,
o si acaso un peón es menos fuerte que el rey.
Más belleza encuentra en la finta que en el jaque
y nunca se le nota muy encogido por la pena.
Esquiva con gracia las luces rojas,
las noches encapotadas las atraviesa,
se ríe como un lunático cuando sale el sol.
Si ve a alguien llorar cierra los ojos,
si se topa a un vagabundo lo saca a pasear.
Las alturas y los caballos lo asustan y lo aburren,
lo mismo las riñas y el oro,
también las apuestas,
y hasta con todo el viento a su favor propone tablas
          o se rinde, a veces.
Algunos, sin embargo, afirman que atesora una fortaleza
      inusitada,
imposible de subyugar,
de esa que incomoda y sacude a los alpinistas
          a los fatuos y a los cabrones.

Legítima defensa

Aunque sabe de los retorcijones y las muecas
a sus espaldas,
incluso de algunos guanacos,
la extravagancia siempre está de moda.
Como Homero
compara la vida de los hombres con las hojas.
En su caso con las hojas
                    del moriviví.

Ad portas

Te cuesta respirar y estás a un paso, Volpina,
pero recuerda que Chopin con sus nocturnos
siempre te llevaba de la mano
desde la negrura a una espesura con brisa
donde hay grosellas y saúcos,
atravesando planicies y ríos y montañas,
y tú horizontal en un plácido colchón,
llena de regocijo, sin moverte. Te lo sugiero.
Y si no te resulta, ingresar a la muerte
debería ser un eclipse moderado,
hecho a la medida para personas como tú:
algo así como ese soplo de aire cálido
que expelen los que no procuran
de insignias ni medallas,
solo de ritmos, compases y pausas.

Apóstol de la intuición

Miraba el cielo de noche;
contaba las estrelles y los satélites
y sospechaba que había un agujero por allí,
una salida, tal vez un escape,
pero nunca quiso contaminarse
        con un telescopio.

La galería

Apiñados y vociferantes en sus puestos en la feria
o emperifollados en una kermesse municipal:

chistes para repartir y la falta de ostentación
como una ofrenda de simplicidad,
mientras a pocas cuadras zapatillas de lujo cuelgan
de tendidos eléctricos marcando territorio
y animitas con grafitis reposan en pasajes
como íconos o faroles de una desgracia.

Un narco de turno camino al camposanto:
globos, cánticos, chiflidos,
disparos y relinchos al aire,
granujas macanudos, música de banda,
fuegos artificiales que cortan el horizonte.

Y en las calles: árboles flacos,
grifos decapitados, parlantes encendidos
que hacen retumbar el suelo,
botillerías, ninguna farmacia.

Los perros se conocen, se comparten los asados,
la pasta base y la pelota juntan y separan.

El lunes para algunos está corrido en el calendario:
la jarana y la cesantía duran más.

Como en la posguerra,
el dolor y la alegría se alborotan,
entre ruinas todo resuena con más intensidad.

El espejo de la abstinencia

Sacudido por esporádicos temblores enciende la leña;
el fuego que abraza la palma y el dorso de sus manos
intenta apaciguar la tensión de otro día difícil:
desde hace tres meses arranca del ruido
y no se atreve a mirar el cielo.
Con la camisa mojada, deja caer su espalda
sobre el sillón y aprieta los puños.
Luego se levanta, agitado,
le cuesta respirar,
y viendo que es una noche larga de viernes,
sin detenerse en la taberna de Leo,
tampoco en la de Samuel,
atraviesa el pueblo;
la brisa de nuevo lo empuja hacia atrás.
Pero, como todos los días nuevos y limpios,
se queda en el estanque:
contempla mudo
en el agua
una inquieta coreografía de estrellas.

La fusta y la rienda

Moscas o polillas, nunca mariposas,
habitan en sus versos
como garrapatas en felinos
o como ácaros en sábanas de hilo egipcio.

La Vasca

Yo, no otra, era la diosa del arrobo y el éxtasis,
la verdadera bruja de la jodienda.
La fogosa más ilustre de la ciudad.
Meterse entre mis piernas y con mi lengua
era perderse en las tinieblas bíblicas.
En la cama conmigo nada de poesía.
Los estrujaba, los dejaba secos como momias.
Mis preferidos eran los tipos fornidos
que olían a metal de la mayor cantidad
de lugares y países posibles a la vez.
A esos les regalaba un pedazo de mi alma.
No hay recetas para dejar pagada a una mujer.
Los trucos en las revistas de amplia
circulación son majaderías:
los machos casi nunca te llevan a lo blanco.
Por eso yo misma los tumbaba.
Bajo la lluvia, al borde de un acantilado,
en un pasaje, en la arena, sobre lavadoras,
sobre tumbas, en iglesias vacías,
donde fuera, allí mismo los hacía pedazos.
Allí mismo los dejaba como niños,
reducidos a la más mínima expresión.
Todavía me glorifican esos bichos,
y eso que estoy vieja como pasa,
el ardor lo colgué hace más de veinte años.
Antes me perseguían y revoloteaban como moscas.
Ahora son recuerdos que me calientan,
pero no tanto como mi jardín de calas blancas.

Una cama de varias plazas

Su cama a veces no es una cama
es la habitación de Gregorio Samsa o la casa de Asterión
o Tralfamadore o Dublin o el manicomio de Herisau
o la Sinagoga de los Iconoclastas,
y su cama a veces no es una cama es el Pacífico
y sus mares oscuros y fríos y ajetreados
          los mares de Drake y Moby Dick
donde él es un viejo lobo de mar con una pierna hecha
          de mandíbula de cachalote
de pie sobre la proa de un ballenero
con la magdalena de Proust en sus manos y el rostro de un dios
y la insignia de la Waffen SS en la frente
arrastrando a sotavento siempre a sotavento
las dichas y tragedias de la humanidad
como si fuera la reminiscencia del azar o lo divino,
y su cama a veces no es una cama
es el Mar Muerto donde encarnado en Fausto
flota como una boya perdido en algún sueño
             o es el Ganges, el sagrado,
donde se sumerge para depurar las fisuras en su venas
y suturar las heridas abiertas y sucias de la memoria,
y su cama a veces no es una cama
es el Averno o el Infierno de Dante
o el Purgatorio o el Paraíso de las Tabernas y el Sexo
o un lugar lejos del Imperio de la Física y la Poesía
donde sin ojos mira y se revuelca como un espejismo,
y su cama a veces no es una cama
                es un ataúd, todo depende.

La última cena

Sentados en una pieza sin techo,
sobre tablones sin desbastar,
de cara a un tímido fogón,
con ásperos cigarros,
devorando panes con mortadela rancia,
indiferentes a las putas,
indiferentes al comercio urbano
que para ellos conduce a huertos de usura y vileza,
jocosos, con vinos en cajas, delirando a más no poder,
mientras la escarcha cubre los cartones sucios,
y las manchas como pinturas sagradas en el hormigón
de las paredes.

Los vitrales de la religión

En un escenario iluminado de azul y rojo,
vestidos de cilicio y ceniza,
los ojos delineados como las princesas del Nilo,

aparecen, cegados
por el éxtasis de su pecado,

y se turnan y gimen y aúllan,
con sonidos guturales que piden carne,

                     agua

                        y oxígeno.

Fabulosamente moderno

Las vigas crujen en la pared,
el gato da un salto
y se encoge.

El sol se retira,
la noche cae precisa.

La mujer se quita los tacos,
el logo fosforescente lo tira al sillón.

Con el agua de los tallarines
          a punto de hervir,

desde la cocina,
el hombre enciende

la leña de mentira.

Gulag

La primera vez fue cuando
escuchó a su padre decir que la poesía es humo.
La segunda, cuando de una patada
vio reventarse a su hámster.
La tercera, cuando le amarraron
los tobillos con las cuerdas de su laúd.
La cuarta, cuando encontró
en el tacho de basura, achicharrada, la bufanda roja.
Y así sucesivamente.
No dice nada.
Todavía se aguanta.
Pero en los asados,
él se hace cargo de desollar las gallinas.

Nadando contra la corriente

El páncreas dejó de ser un recipiente de uvas y ciruelas,
su voz que una vez proveyó de música está saturada de ronquidos,
su visión opaca, su dialéctica perdida.
A veces aprieta los dientes o muerde la almohada,
entierra sus uñas en las sábanas,
recoge del pasado imágenes como limosnas,
busca un refugio en los recuerdos imprecisos de mañana.
Nada de raro hay en esos zarpazos.
El ocaso en un individuo suele ser como el de ciertos ejércitos
vencidos que no asumen la derrota;
o como el de las hojas que cuando se despiden,
porfiadas,
niegan con gestos su caída.

Entre la niebla de la resignación

1

Al sur de la ciudad, en la periferia,
la colosal fábrica de ladrillos donde la mayoría
de los obreros del barrio trabaja de sol a sol sin descanso
no deja de escupir gases tóxicos
                desde sus chimeneas,
como si fueran el cortejo
                de esta neblina densa de las primeras horas,
que pareciera anunciar un temporal.

2

A un costado, donde arbustos con flores de seda,
selectos relojes o bufandas de muselina plisada podrían ser
                una afrenta o un descuido,
callejuelas, terrenos baldíos y viviendas frágiles
                se extienden por kilómetros;
lugares en los que cualquier derrumbe o gota lenta
                causa un estrago.

3

Allí mismo, como carpas de guerra, los feriantes instalan
                sus puestos de toldos azules;
los colores de frutas, verduras, telas y zapatillas,
                junto con algunas guirnaldas,

contrastan la grisura del aire y la pobreza,
así como la palidez de dos alfeñiques que piden migajas,
consumidos por la droga.
Unos cuantos, a la intemperie,
deambulan de un lado al otro de la feria, ofreciendo
con cadencias melódicas y jocosas
bolsas de basura como si fueran tejidas a croché.
Y los menos, más quietos y vigilantes,
casi como criminales,
sentados en cajas, las cabezas gachas,
transan cigarros de contrabando y aparatos adquiridos
por hurto y receptación.

4

Vendedores minúsculos que aún resisten los embates
del coliseo moderno;
luchadores de lomo duro entregando, sin quejarse
y a pura finta, la fiebre
y sus pulmones
a los azotes despiadados que impone la necesidad.

Sobre el autor

Cristián Leontic, Santiago, Chile, 1972. Estudió Licenciatura en Ciencias Jurídicas y Sociales y una maestría en Derecho y Humanidades. En poesía, ha publicado los libros *ruta vertical* (Ril editores, 2003) y *el codo del dibujante* (Editorial Cuarto Propio, 2013). Este último seleccionado en el Programa de Adquisición de libros de autores chilenos para bibliotecas públicas (2014). En narrativa, ha publicado *Los equilibristas. Pequeño inventario de hombres en extinción* (2022, Ediciones Bastante). *Paseo para maratonistas* es su tercer libro de poesía.

Julio 2023
Impreso en Buenos Aires,
Buenos Aires Poetry
www.editorialbuenosairespoetry.com